LE

CAMP DE CHALONS

EN 1860

Paris. — Typ. PILLOY, boulevart Pigalle, 50.

LE

CAMP DE CHALONS

EN 1860

ESQUISSE ANECDOTIQUE

Écrite sur les Notes de

M. AUGUSTE BOULANGER

Artiste Lyrique, auteur de plusieurs romances et chansonnettes,

PAR

M. ÉMILE PITET

Auteur d'un ouvrage, sur les Devoirs du Soldat, qui a obtenu le premier rang au concours ouvert, en 1841, par M. le Ministre de la Guerre.

Castra virumque cano...

PARIS
LIBRAIRIE DE CASTEL, ÉDITEUR
passage de l'Opéra, 21, galerie de l'Horloge
ET CHEZ L'UN DES AUTEURS, M. BOULANGER, 10, RUE TIQUETONNE

INTRODUCTION

J'entreprends la description du camp de Châlons.

Comme on pourra trouver étrange qu'un chanteur comique, qui n'a jamais endossé d'autre uniforme que celui de la garde nationale, aborde un pareil sujet, je crois devoir faire précéder mon récit de quelques explications, par manière de préface.

Donc, le 25 mai de l'an de grâce et bissextile 1860, je me rendis à Mourmelon, chez M. Guillaumet.

Mais, dira-t-on, il y a plus d'un homme en France qui s'appelle Guillaumet, et quant à votre Mourmelon, il n'a jamais figuré sur une carte géographique.

Quelques mots suffiront pour satisfaire votre curiosité.

Mourmelon est un pays nouveau, j'entends comme pays habité. Ce n'est encore qu'un village, mais il est situé à proximité du camp de Châlons et fréquenté, pendant la saison des manœuvres, par un grand nombre de militaires, qui viennent s'y délasser et s'y distraire, quand l'ordre du jour le leur permet. C'est ce qui a donné à un monsieur Guillaumet l'idée d'y établir un café-concert et de m'y engager, en qualité de chanteur comique, pour la campagne de 1860.

Je dois commencer par dire que j'ai éprouvé fort peu de satisfaction dans l'exercice de mes fonctions lyriques.

D'abord, l'établissement laissait à désirer sous le rapport de la direction. Notre *empressario*, soit dit sans l'offenser, ne s'entendait nullement à ce genre d'entreprise qui, après tout, est une spécialité.

D'un autre côté, je ne sais si nos romances et chansonnettes étaient entendues avec plaisir par MM. les militaires; mais, dans ce cas, je dirais qu'ils avaient une singulière façon de nous témoigner leurs sympathies. Ils n'attendaient pas pour cela la fin d'un couplet : c'était, depuis le prélude jusqu'à la ritournelle finale, un accompagnement non interrompu de conversations bruyantes, d'exclamations énergiques, de fredonnements, trépignements, mesures frappées à contre-temps, en un mot, un vacarme tel que la voix des chanteurs et le son des instruments étaient littéralement couverts. Chacun de ces messieurs faisait sa partie selon sa fantaisie, et nous paraissions ne plus être là que pour mêler nos voix timides à un chœur de démons.

Le moyen, avec un tel charivari, de prendre goût à sa partie? Pour mon compte, chaque fois que mon tour venait de chanter il me semblait que je marchais au supplice.

Je me hâte de constater, pour être vrai, que, dans le nombre de nos auditeurs, il s'en trouvait quelques-uns dont l'attitude calme et pleine de convenance semblait protester contre la pétulance de leurs camarades : c'était bien un adoucissement à nos ennuis, mais la compensation n'était pas suffisante. J'ai la conviction que quiconque a eu le courage de chanter pendant quatre mois dans un pareil enfer, a bien gagné le paradis, sans être tenu au purgatoire.

N'être pas compris, n'être pas même écouté, est toujours chose blessante pour l'amour-propre ; or, un artiste, quel qu'il soit, a toujours de l'amour-propre. Je partageai donc d'abord le mécontentement de mes compagnons; mais la nature m'a doué fort heureusement d'une certaine dose de philosophie : je me fis une raison; je devins d'une complète indifférence, ne cherchant plus à faire aucun frais pour plaire au public, et me bornant à lui servir ce que j'avais de plus médiocre dans mon répertoire.

Les concerts, qui n'avaient lieu que le soir, me laissant libre pendant toute la journée, j'en profitai pour visiter, dans tous ses détails, le camp de Châlons. C'est ainsi que je sus trouver le moyen de passer assez agréablement mon temps pendant la belle saison, si toutefois on peut donner ce nom à l'été de 1860, de pluvieuse mémoire.

Je sortais aussi souvent que le temps me le permettait. Un jour, j'assistais à une grande manœuvre; un autre, on me voyait à la messe du camp et au défilé des troupes. Parfois, je m'introduisais dans l'intérieur du campement, où j'examinais tout attentivement. Je suivais avec intérêt les travaux qui s'y exécutaient. J'écoutais les uns, je questionnais les autres, je prenais quelques notes.

Un beau matin, je me dis en m'éveillant : Tout le monde n'a pas eu, comme moi, l'occasion de visiter le camp de Châlons. Il est même certain que la plupart de mes concitoyens n'ont aucune idée de la chose. Eh bien! je veux leur en faire le tableau.

Tel est le projet que je réalise en ce moment. Je n'écris ni pour les militaires, ni pour les savants, ni pour ceux qui ont déjà visité des camps de plaisance, et savent à quoi s'en tenir. Je m'adresse aux nombreuses personnes de la classe bourgeoise qui, n'ayant jamais vu rien de semblable, désirent se former une opinion à cet égard.

Elles me comprendront, parce que je n'emploierai aucune expression technique, aucun terme de l'art, ce que je serais d'ailleurs bien embarrassé de faire.

Que mes lecteurs, si j'en ai, ne perdent pas de vue que le narrateur est un simple chanteur, un bourgeois, étranger à la stratégie et à la castramétration qui vient tout bonnement leur raconter ce qui l'a frappé au camp de Châlons, avec la naïveté d'un garçon épicier qui rend compte de la représentation d'un grand opéra. L'honnête jeune homme n'a rien compris au poëme, moins encore à la composition musicale; mais la magnificence de la salle, l'harmonie de l'orchestre, le luxe des costumes et la splendeur des décors ont suffi pour le saisir d'une profonde admiration.

II

LE CAMP DE CHALONS.

> Au silence de la prairie,
> A succédé le bruit des camps.
> (*Vieille chanson*).

Chacun sait qu'un camp est un lieu où s'arrêtent les troupes pour y séjourner pendant un temps plus ou moins long. Le camp où s'abrite momentanément une armée de passage est un camp volant ou bivouac. Celui où l'on se retranche est un camp stable, comme celui qui, de récente et glorieuse mémoire, après avoir menacé Sébastopol pendant près d'un an, a fini par faire tomber en notre pouvoir cette place réputée inexpugnable.

En temps de paix, on forme aussi des camps, dits de

manœuvre, pour occuper les troupes, les tenir en haleine et leur apprendre l'art de la guerre. On a beau être avec ses voisins dans les termes les plus pacifiques, il est prudent de prendre ses précautions ; on ne sait jamais ce qui peut arriver.

Il était impossible d'asseoir un camp permanent sur un emplacement disposé plus avantageusement que cette vaste plaine, située à quelques kilomètres de Châlons-sur-Marne, où le redoutable Attila vint jadis installer ses innombrables cohortes. C'est là que, vers l'an 450 de l'ère chrétienne, il fut battu par les légions gallo-romaines, laissant, à ce que dit l'histoire, près de 200,000 morts sur le terrain. Ce chiffre, je l'avoue, me semble fabuleux; dans tous les cas, je puis dire que le sang de ces malheureux Huns n'a pas engraissé les sillons de la Champagne-Pouilleuse, car la terre y est toujours d'une aridité désespérante. Mais cette stérilité même a dû faire préférer cette région à toute autre, puisqu'elle permet d'étendre au loin les opérations militaires sans nuire aux travaux de l'agriculture; ce motif est sans doute un de ceux qui ont déterminé le choix de l'Empereur.

La contrée où est situé le camp de Châlons a de 45 à 50 kilomètres de circonférence. Le sol n'est pas uniformément plat. On y trouve des monticules et une infinité de petits bois de pins qui en varient l'aspect.

C'est en 1826 que l'Etat fit l'acquisition de cet immense terrain, qui, en raison de sa nature crayeuse, est excellent pour la fabrication du blanc d'Espagne, mais où l'on tenterait vainement la culture de toute substance alimentaire.

Quoi qu'il en soit, en plantant le premier jalon de ce camp, qui sait si l'Empereur n'a pas posé, pour l'avenir, la première pierre d'une grande ville?

Depuis 1856, il s'est opéré, au camp de Châlons, des changements et améliorations considérables. Dans le principe, ce n'était guère qu'un bivouac, où toute la troupe couchait sous des tentes portatives. On y a construit plus tard 250 baraques ou plutôt habitations en pierre, recouvertes d'ardoise, dans lesquelles 10,000 hommes peuvent aisément se loger et où ils pourraient passer l'hiver.

Ces baraques sont saines et l'intérieur en est bien distribué. Celles situées dans la partie qui borde le camp sont pour les officiers; elles sont bâties en long; leur dimension est de 48 mètres 63 centimètres de longueur sur 8 mètres de façade.

Celles de la troupe, qui viennent après, ont 37 mètres de long sur 7 de large; elles font face au quartier Impérial, à une distance de 5 à 600 mètres. Ces dernières sont construites en travers; leur extrémité est occupée par les sous-officiers; elles sont distancées les unes des autres de 12 à 15 mètres environ. Cet intervalle forme des rues ayant chacune son nom. En somme, la réunion symétrique de ces constructions présente la perspective d'une ville parfaitement alignée.

Rien n'a été négligé pour les besoins du soldat au camp de Châlons, dont j'évalue la longueur à environ 8 kilomètres. Il est parcouru, dans presque toute son étendue, par un chemin de fer destiné aux approvisionnements. Plusieurs chemins sont en outre tracés pour relier le quartier Impérial à différents points. Une large route, appelée Voie-Romaine, et qui part du Petit-Mourmelon, traverse aussi tout le camp pour aller passer derrière la tente impériale. De distance en distance se trouvent des phares qui servent de guide pendant la nuit. Un grand nombre de pompes donnent de l'eau en abondance. Il y a aussi des lavoirs couverts, et, à chaque extrémité du camp, une grande buanderie pour le blanchissage du linge.

On compte 300 baraques en planches pour le service du camp. C'est dans ces baraques que se tiennent les *mess*, nom que l'on donne aux pensions d'officiers, les cantines où mangent les sous-officiers, les cuisines des soldats, les buvettes, qui sont en grand nombre, les écuries pour les chevaux des officiers supérieurs et tous les autres services, y compris certains endroits situés à l'écart, et pour cause, où le soldat est censé trouver toutes ses aises.

Aux abords du camp, l'Empereur a fondé huit grandes fermes, où l'on élève des bestiaux, et qui pourront contribuer, par la suite, à la fertilisation d'un sol ingrat.

Chaque jour amène des améliorations au camp de Châlons, qui tend à devenir un établissement militaire complet. Déjà existent, pour l'artillerie, un beau polygone et trois poudrières, construites à une assez grande distance des troupes pour prévenir les accidents. On édifie en ce moment un arsenal, près du Petit-Mourmelon, et avant peu, une bibliothèque, située vers le centre du camp, permettra aux militaires studieux d'occuper utilement leurs loisirs.

Tout près du camp est une manutention où se fait le pain de la troupe. Trois ambulances sont prêtes à recevoir les hommes atteints de maladies légères. L'une d'elles, située au centre, en face de la chapelle, a le nom d'hôpital. Les malades y couchent dans des lits et y sont bien traités. Si leur état vient à s'aggraver, ils sont évacués sur les hôpitaux des villes voisines.

Enfin, à 7 ou 800 mètres en arrière des baraques en

pierre, ont été construits plusieurs grands pavillons, au centre desquels est celui où réside l'Empereur lorsqu'il est au camp, et qu'on désigne sous le nom de *Tente impériale*. A gauche, sont les logements des personnes appartenant à la maison de l'Empereur. A droite, et à une certaine distance, on voit le pavillon de M. le maréchal, commandant les troupes.

Au devant de ces constructions, on a ménagé des parterres et carrés de verdure, un peu en avant desquels s'élève une chapelle, dont j'aurai à parler un peu plus loin.

Telles sont les principales dispositions du camp de Châlons. Je n'ai cité que les établissements qui ont un caractère stable. Il faut y ajouter, dans la saison d'été, les tentes destinées à abriter les troupes appelées à prendre part aux grandes manœuvres.

Le camp s'étend ou se resserre à volonté, suivant le nombre et l'effectif des corps qui en font partie. Les tentes se dressent à droite et à gauche des constructions permanentes. Pour le campement d'un régiment, il faut 250 tentes. On les place sur quatre rangs, en ménageant entre elles de spacieux intervalles, de sorte qu'elles occupent beaucoup de place. Elles se prolongeaient, cette année, sur une assez grande échelle pour donner au camp tout entier une étendue d'environ huit kilomètres.

Les tentes des officiers sont toutes de forme carrée et de couleur blanche rayée de bleu. Celles de la troupe ont la forme conique : elles sont entièrement blanches. Vues de loin, ces tentes offrent un charmant coup d'œil : on croirait voir une contrée couverte de neige et parsemée de bouquets de verdure.

La garniture intérieure des tentes varie en raison du grade des occupants. Le capitaine a une tente pour lui seul ; les lieutenants et sous-lieutenants ont une tente pour deux. Les uns et les autres louent des meubles à des industriels du Grand-Mourmelon. Leur mobilier se compose généralement de lits en fer, commodes, tables, et de pliants qui remplacent les chaises.

Les soldats couchent à quatorze sous la même tente. Ils ont une natte de paille sur laquelle on place une mince paillasse, et, pour se couvrir, un sac de campement ou tente-abri. Ce dernier effet est disposé de manière à ce que, dans un bivouac, les soldats, se réunissant par quatre, en forment de petites tentes sous lesquelles ils peuvent s'abriter. En marche, ils portent toujours le sac de campement sur leur havresac.

III

OCCUPATIONS AU CAMP.

Dès cinq heures du matin, un coup de canon donne au camp le signal du réveil. Un second coup de canon, tiré à huit heures du soir, commande la retraite.

Le camp étant principalement institué pour les progrès de l'instruction militaire, on comprend que les exercices et manœuvres de toute espèce y jouent le principal rôle.

J'ai assisté en amateur à quelques-uns de ces simulacres de combats qui peuvent donner une image de la guerre, sans en présenter les dangers.

Ce n'est pas sans intérêt, ni même sans émotion, que l'on voit se développer ou s'agglomérer, avec une précision mathématique, ces masses d'hommes, de chevaux, de matériel d'artillerie.

Tantôt ce sont des changements de front qui s'effectuent sur une ligne de quelques lieues; tantôt des colonnes compactes qui se meuvent en tout sens, en faisant étinceler, aux rayons du soleil, leurs forêts de baïonnettes.

Ici, pour harceler un corps d'armée, des tirailleurs se déploient avec une merveilleuse agilité ; là, poursuivis par la cavalerie, ils se replient, au pas de course, sur leurs colonnes.

Plus loin, des régiments de cavalerie chargent l'infanterie qui se forme en carrés, croise la baïonnette et répond à l'attaque par une vive fusillade; puis la voix magistrale du canon domine l'impétueuse volubilité des feux roulants, semblable à une basse formidable qui accompagne de ses mugissements les sons aigus d'un innombrable orchestre.

Ce qu'il y a de rassurant, c'est que, dans ces sortes de combats, les vainqueurs n'abusent jamais de la victoire; les vaincus s'en tirent toujours avec les honneurs de la guerre, et le soir, rentrés au camp, les uns et les autres trinquent gaiement à la cantine, sans se garder la moindre rancune.

Quelquefois les troupes exécutent des promenades militaires : ce sont de longues marches avec armes et bagages. Elles durent toute la journée, et l'on parcourt des distances de 40, 45 et jusqu'à 50 kilomètres. On emporte du bois, et à l'une des haltes on fait dissoudre, dans de l'eau chaude, des tablettes de café tout sucré, en sorte que chacun peut, en fumant sa cigarette, prendre son *gloria* dans un estaminet qui, à défaut d'autres avantages, a du moins celui de ne pas sentir le renfermé.

Mais n'attendez pas que je suive nos bataillons et escadrons dans leurs marches et contremarches. Ces brillantes évolutions ne sauraient être décrites par une plume incompétente ; si j'avais l'imprudence de m'y hasarder, je m'exposerais à la juste critique des conscrits les plus novices. Aussi me bornerai-je à vous parler de simples détails d'intérieur, à la portée des intelligences les plus vulgaires.

Les militaires ne sont pas toujours aux manœuvres ou exercices. Le service ordinaire du camp, les théories, l'entretien des effets et les soins de propreté prennent bien aussi une partie de leur temps ; mais il leur reste encore des loisirs que chacun emploie selon ses goûts et son caractère.

L'escrime, l'espadron, le bâton, la canne, la boxe et même la savate, tiennent le premier rang parmi les distractions du soldat. On sait qu'il existe officiellement, dans les régiments, des maîtres et prévôts de pointe et de contrepointe. C'est surtout au camp que les militaires se livrent avec ardeur à ces exercices, dont chacun reconnaît l'utilité, puisqu'en même temps qu'ils contribuent au développement de la force et de l'adresse de l'homme, ils peuvent encore, dans bien des cas, servir à sa défense personnelle.

Les maîtres et prévôts, réunis en grand nombre, s'instruisent mutuellement. L'émulation leur fait faire de nouveaux progrès, et les connaisseurs sont tout étonnés de voir des soldats tirer l'épée comme *Bertrand* ou *Gatechair*, manier la canne comme *Leboucher*, et boxer comme *Lecour* ou *Vigneron*.

Il y a aussi des maîtres de danse qui professent sans violon ni aucune autre musique : ils démontrent en plein air et marquent la mesure en comptant à haute voix. Je puis vous assurer que leurs principes sont bons. Leurs élèves ne seront jamais des coryphées de l'Opéra ; mais tant qu'ils resteront fidèles à la méthode de leurs maîtres, ils n'imiteront pas les ridicules contorsions et la dégaîne inconvenante pratiquées aujourd'hui dans les bals publics et jusque sur certains théâtres de la capitale.

Il va sans dire que tous les soldats fument leur pipe. Ce passe-temps leur est d'autant plus facile que le Gouvernement, par une mesure de bienveillance spéciale, autorise, en faveur des militaires, la vente d'une certaine quantité de tabac dit de cantine, qui leur revient à un prix bien moins élevé que dans les bureaux de la Régie. Quant au cigare, il n'est guère usité que chez les officiers. Les sous-officiers et soldats ne se le permettent que dans les grandes occasions, le jour du décompte, par exemple, lorsqu'ils ont leur masse complète, où s'ils ont reçu de l'argent de leurs parents, ou enfin s'ils viennent à toucher une prime de rengagement.

Parmi les jeux les plus en faveur au camp, il faut citer le jeu de boules, que l'on pratique avec avantage sur les vastes emplacements ménagés entre les baraques et les tentes.

Les hommes dont le gousset est bien garni se rencontrent plus habituellement dans les cantines.

Ici des groupes de soldats se forment pour chanter en chœur les refrains du pays : ce sont presque toujours des Alsaciens ; là, des soldats écrivent à leurs familles pour leur raconter ce qu'ils font au régiment. Ils leur demandent des nouvelles de tout le monde, des parents, des amis, des voisins et même des hôtes de l'étable ou de l'écurie. Ils demandent aussi presque toujours des subsides que la tendresse paternelle leur refuse rarement.

Mais j'aperçois un jeune soldat qui se tient à l'écart

et paraît éviter ses camarades. Approchons. Comme il est triste et abattu! Ses regards sont mornes; on dirait qu'il ne voit rien autour de lui. Il semble que son âme soit ailleurs. Plus de doute, ce pauvre garçon est atteint de nostalgie. L'idée fixe de sa terre natale le poursuit partout, absorbe toutes ses facultés; il songe sans cesse à sa chaumière, à ses bois, ses montagnes, à sa fiancée peut-être : hélas! la retrouvera-t-il telle qu'il l'a laissée?

Comme cette nature mélancolique contraste avec l'humeur joviale de cet autre troupier à la face épanouie, à la parole enjouée, dont la verve comique fait pâmer d'aise une douzaine de soldats, autour de lui rangés!

Ce loustic, probablement né sur les bords macadamisés de la Seine, est un poète de corps-de-garde. Il a composé une chanson dans laquelle il passe en revue tous les mouvements de l'école du soldat. J'ai pu en retenir un couplet que voici :

AIR *connu.*

Depuis que je suis militaire,
J'apprends à marcher tous les pas.
Je ne vais qu'au pas ordinaire,
S'il s'agit d'un maigre repas,

Mais qu'un festin
Soit mis en train,
Faut voir alors comm' mon pas s'accélère.
Dans les combats,
L' pas en arrière...
C'ui là, morbleu! je ne le connais pas.
Quand j'entends la voix d'Augustine,
Au pas direct, soudain j'accours ;
Mais au pas oblique, toujours,
Je sors de la cantine.

Un volume suffirait à peine pour dire les mille et un moyens que savent trouver les militaires pour passer leurs heures de liberté. Il en est un cependant dont les résultats sont trop intéressants pour que je n'y consacre pas quelques lignes.

Encouragés en cela par leurs chefs, la plupart des soldats s'occupent avec ardeur de tout ce qui a rapport à la décoration du camp : ils s'évertuent à enjoliver leurs tentes, à en décorer les abords. C'est à qui dessinera les jardins les plus gracieux, à qui fera les plus beaux ouvrages pour en parer l'entrée.

L'émulation enfante des choses étonnantes. En parcourant le campement de certains corps, on se croirait à une exposition publique d'horticulture. Chacun, pour plaire à l'œil, a fait preuve de goût et d'adresse Au milieu de cette variété de petits chefs-d'œuvre, dus à l'imagination et à l'intelligence de nos soldats, les promeneurs passent de surprise en surprise.

Je ne parlerai que pour ordre de plusieurs arcs de triomphe magnifiques, élevés comme par enchantement dans l'espace de quelques jours. Ces charmants portiques étaient littéralement couverts de verdure, de fleurs, de guirlandes toujours fraîches.

Le camp du 32e de ligne se faisait surtout remarquer par un nombre considérable d'ouvrages en terre de craie, extrêmement curieux, qui charmaient les visiteurs. Dans l'opinion générale, ce régiment l'emportait, sous ce rapport, sur tous les autres.

Parmi les ouvrages dus au génie inventif des militaires, on citait ceux dont je vais donner une rapide analyse :

Une vue en relief de l'arsenal de Vienne, qui faisait l'admiration de tout le monde.

Une vue de la ville, du port et des bassins de Cherbourg, reconnue d'une grande vérité par ceux qui ont habité cette ville.

Une petite fontaine, avec jets et nappes d'eau, semblable à la fontaine des Innocents à Paris.

Un moulin à vent, dont le mécanisme mettait en mouvement vingt-huit petits personnages. L'Empereur fit emporter cet objet pour en faire cadeau au prince Impérial.

Un joli petit arc de triomphe.

Des forts.

Des remparts.

Des bassins avec poissons.

Des bateaux, des vaisseaux de ligne.

Des rochers et des cascades.

Des obélisques.

Des médaillons, bustes et statuettes de toute forme.

Une infinité de petits et grands jardins, tracés et plantés avec un goût exquis.

Mais ce qui attirait le plus vivement l'attention des promeneurs, c'était le plan en relief du camp. Cet ouvrage, d'une exactitude remarquable, mérite une mention toute particulière. Rien n'y avait été oublié.

On y voyait figurer, fidèlement reproduits, les villages du Grand et du Petit-Mourmelon avec leurs maisons que chacun pouvait reconnaître, les églises, le bois, le petit ruisseau qui le borde, le pavillon de l'Empereur, le quartier général, la chapelle, le chemin de fer, et enfin les baraques et tentes de tous les régiments. Il faut véritablement un grand talent d'observation et une incroyable activité pour exécuter aussi exactement, aussi habilement, et surtout aussi promptement, un pareil travail.

L'Empereur, en visitant le camp du 32e, avec le prince Impérial et sa suite, a été le premier à admirer ces intéressants ouvrages et en a félicité le corps dans la personne de son colonel, puis il a fait remettre un témoignage de son auguste bienveillance à l'auteur du moulin dont j'ai parlé plus haut.

Au camp du 52e de ligne, on remarquait, entre autres objets curieux, également en terre de craie, une pièce de canon italienne, de grandeur naturelle, renversée par un obus. Le projectile, passant au travers d'une fascine, était supposé avoir brisé l'affût. La pièce, la roue, l'affût et tous les autres accessoires étaient représentés avec une telle fidélité qu'on eût pu les croire véritables.

Je n'en finirais pas s'il me fallait détailler tous les ouvrages qui figuraient au camp de Châlons. Je me suis un peu étendu sur les travaux du 32e parce qu'ils étaient d'une supériorité incontestable. Mais dans les campements de tous les autres corps, les abords des tentes n'en étaient pas moins décorés avec soin et d'une manière très-satisfaisante. Partout enfin les soldats, sous la direction de leurs officiers, ont rivalisé de zèle pour rendre leur camp digne de la visite de l'Empereur.

IV

MOURMELON (PETIT ET GRAND).

Le chemin de fer, qui relie la ville de Châlons-sur-Marne au camp, a un parcours de huit kilomètres. Il aboutit à un village appelé le Petit-Mourmelon, composé, outre le bâtiment de l'embarcadère, de 70 à 80 maisons de pauvre apparence, presque toutes encore recouvertes de chaume. Il possède une église de construction moderne, d'un style extrêmement simple, et si petite qu'elle ne pourrait guère contenir plus de 200 fidèles.

La population de cet endroit peut être évaluée à 700 ou 800 âmes. On y trouve plusieurs grands entrepôts de vin et des marchands vendant un peu de tout, comme cela se fait généralement dans les villages.

A trois ou quatre kilomètres du Petit-Mourmelon,

et de l'autre côté du camp, est un second village appelé le Grand-Mourmelon, dont l'église, beaucoup plus ancienne que celle du Petit-Mourmelon, est aussi beucoup plus spacieuse. On y comptait à peine, naguère, quelques chaumières ; mais, depuis la formation du camp, il a pris des proportions considérables.

Il existe déjà, au Grand-Mourmelon, 250 à 300 maisons, où loge une population d'environ 1,200 habitants. Entre ce village et le Petit-Mourmelon, des voitures-omnibus font journellement le service.

Mourmelon a un théâtre. L'Empereur, dont la sollicitude ne se borne pas à assurer le bien-être matériel de l'armée, veut encore qu'elle ait sa part dans les récréations de l'esprit. Aussi, pour la belle saison de 1860, a-t-il subventionné la direction du théâtre de Mourmelon pour une somme de de 32,000 francs, à la condition qu'il serait exclusivement réservé aux officiers et à la troupe.

Les militaires assistent en conséquence, à tour de rôle, aux représentations, qui ont lieu tous les jours, le dimanche excepté. On y rencontre aussi des personnes appartenant à la classe civile qui sont censées être invitées par des officiers ; mais il n'est pas difficile de s'apercevoir que la plupart de ces spectateurs ne se sont introduits dans le théâtre qu'en payant inosensiblement le prix de leurs places au profit de l'exploitation.

La salle, construite en planches, peut contenir le 15 à 1,600 personnes. Lors des représentations, les aporaux, brigadiers et soldats occupent le dessous le la galerie et une partie du parterre. Les places du levant sont réservées aux officiers. Aux deux côtés le la galerie sont les fauteuils des généraux et officiers supérieurs. Au milieu de l'étage est un amphihéâtre pour les sous-officiers. Enfin, à l'avant-scène, se trouve la loge du maréchal, commandant le camp, n face de la loge impériale. Ainsi, chacun a sa place narquée suivant son grade, et le principe hiérarchique est observé jusque dans les plaisirs.

J'ai assisté à l'une des représentations du théâtre de Mourmelon. Malgré mon optimisme habituel, il m'est mpossible de faire l'éloge de la troupe. Le talent des rtistes m'a paru bien ordinaire; cependant, je dois n excepter M. Rousset, remplissant les emplois de omique avec beaucoup de naturel. L'Empereur, qui, ette année, a daigné honorer de sa présence une représentation, n'a pu voir sans hilarité cet acteur dans un petit vaudeville du théâtre des Variétés, intitulé *l'Ut dièze*, où il est véritablement fort original.

Sa Majesté, voulant donner à M. Rousset un témoignage de sa satisfaction, lui a fait cadeau d'une fort belle montre chronomètre avec chaîne et garnie de son chiffre. Cette haute marque de bienveillance a été reçue avee reconnaissance par l'artiste, qui, se trouvant avec moi quelques jours après, me parla, plein d'émotion, du prix qu'il y attachait.

La salle de spectacle de Mourmelon est affectée, le dimanche, à un bal d'officiers, aussi bien composé, sous le rapport des cavaliers, qu'il est défectueux à l'égard de la tapisserie, principal ornement des réunions de ce genre.

Deux cafés-concerts se sont établis à Mourmelon. Dans l'introduction de ce récit, j'ai parlé de la manière dont s'y comportaient les visiteurs de ces établissements. C'étaient généralement des sous-officiers qui, se souciant peu de la partie lyrique, avaient pris l'habitude d'y faire un tel tapage que son Excellence le maréchal, commandant général du camp, leur fit adresser des observations par la voie de l'ordre du jour. Un capitaine de service fut chargé momentanément d'exercer une surveillance sur ces réunions. Il allait, pendant la soirée, d'un café à un autre, et sa présence réussit à rétablir un peu d'ordre et de silence. La crainte des punitions comprima pendant quelque temps l'effervescence; mais ce service ayant cessé, le calme ne fut pas de longue durée; les soirées devinrent plus orageuses que jamais. Cela se comprend et s'explique ; la vie des camps est bruyante et agitée, l'ordre n'y règne que par la force de la discipline. En dehors du régime réglementaire, la nature reprend le dessus; la fougue de la jeunesse, la force du tempérament, retrouvant un courant de liberté en usent sans réflexion, avec la même étourderie que les enfants au sortir de l'école. Faites rentrer ces mêmes hommes si bruyants pendant deux jours dans la vie civile, et ils y reprendront, sans contrainte, avec les habitudes douces et paisibles d'une nouvelle existence, le sentiment des convenances et de l'urbanité.

On trouvait cette année, au Grand-Mourmelon, deux salles de bal. C'est par honnêteté que je me sers de ces mots pour désigner deux espèces de granges, où l'on danse les jeudis et dimanches. Ces établissements portent cependant de glorieuses enseignes. Sur la façade de l'un, on lit : *A l'Aigle Impérial ;* l'autre s'intitule : *Bal de Solférino*. Ces endroits ne sont fréquentés que par des militaires et par des danseuses qui sont loin d'appartenir à l'élite de la société.

Les autres maisons de la localité, toutes construites en bois, sont occupées par des commerçants qui vendent toutes sortes d'articles, par des cafés-borgnes et des cabarets en grand nombre. On y rencontre aussi quatre à cinq grandes boucheries et quelques traiteurs, dont deux ou trois sont passables.

Enfin, puisqu'il faut, en historien fidèle, que je parle un peu de tout, j'ai remarqué sur certains points, un peu écartés du centre de Mourmelon, plusieurs maisons n'ayant aucune enseigne, mais qui diffèrent des autres en ce que l'œil du passant pénètre difficilement à l'intérieur. Elles paraissent entourées d'une sorte de mystère, bien que le numéro en soit fort apparent. On ne voit jamais entrer ni sortir aucun ballot ou paquet de marchandises, et cependant il paraît qu'il se fait dans ces maisons un assez grand commerce, et que ceux qui les fréquentent y laissent beaucoup d'argent. Je ne crois pas, toutefois, que ce soient des succursales de la Caisse d'Epargnes.

Tel est Mourmelon pendant l'été, c'est-à-dire pendant la saison du camp de mauœuvres. Mais il n'en est pas ainsi l'hiver. Alors la plupart des habitants émigrent comme les hirondelles. Le commerce y devient nul. Presque toutes les boutiques sont fermées. Jusqu'à la belle saison suivante, on s'abstient de visiter le pays, et l'on fait bien, car le climat devient froid et humide et les chemins impraticables.

Quoi qu'il en soit, si, comme il y a lieu de le penser, l'Empereur maintient encore quelques années le camp de Châlons, la population nomade de Mourmelon finira par y prendre racine. Aux maisons de bois succèderont des constructions en pierre. On parle déjà sérieusement de l'établissement d'un abattoir et d'un marché couvert. D'autres monuments seront sans doute érigés plus tard, et c'est ainsi que, dans l'avenir, Mourmelon-le-Camp deviendra peut-être une cité importante.

J'ai parlé un peu longuement de Mourmelon (petit et grand), parce que ces endroits sont les plus rapprochés du camp et qu'ils y sont en quelque sorte enclavés; mais il existe encore, dans une zône un peu plus éloignée, quatre à cinq petits villages habités par de pauvres paysans, où les soldats qui aiment la vie champêtre vont souvent se promener.

V

LES VISITEURS.

Les individus étrangers à l'armée, que j'ai vus au camp de Châlons, peuvent se ranger en deux catégories, les intéressés et les curieux.

Les intéressés sont généralement de petits marchands, hommes et femmes, qui vendent aux soldats de menus objets à leur usage.

A ne voir les choses que superficiellement, on ne se doute pas des ressources que trouve le commerce dans ses relations avec les militaires. La solde est modique, j'en conviens ; mais si les bourses sont petites, elles sont nombreuses et elles se vident souvent. Le soldat vit au jour le jour; il ne thésaurise pas. Il y a d'ailleurs le chapitre des recettes extraordinaires; les décomptes de masse, les primes de rengagement, l'argent reçu des parents, etc. Il y a des hommes qui ont des revenus personnels. Enfin, les militaires gradés, décorés ou chevronés, les musiciens, les soldats d'élite jouissent d'une meilleure paie que les simples fusiliers. Je ne parlerai que pour ordre des caporaux d'ordinaire, des perruquiers, brosseurs et autres petits fonctionnaires qui, de droit ou de fait, trouvent une rémunération dans l'accomplissement d'un ministère purement officieux.

Observez, sans aller plus loin, ce qui se passe à Paris aux abords des casernes. Vous y rencontrerez invariablement un grand nombre de cafés, cabaretiers, débitants de tabac, fruitiers, épiciers, bimbelotiers, et autres industriels, qui font tous d'assez bonnes affaires, et dont cependant la clientèle est presque exclusivement militaire.

Un tambour-major de mes amis, assez profond économiste pour un homme qui n'en fait pas son état, m'a dit que, dans une ville de province, la somme produite en faveur du commerce par un régiment de ligne pouvait s'évaluer quotidiennement à un franc par homme.

Je m'explique dès lors les pétitions multipliées qu'adressent au ministère de la guerre les habitants des villes fortifiées lorsque, pour un motif quelconque, on les laisse momentanément sans garnison ou avec une garnison insuffisante.

Si, comme je n'en doute pas, cette donnée est exacte, le camp de Châlons, peuplé, dans la saison des manœuvres, de 30 à 40,000 hommes, doit être une source de richesse pour toute la contrée, et c'est pour cela que les marchands ambulants de toute espèce y fourmillent.

Ces petits trafiquants ne vendent ni vins, ni liqueurs. Ce débit est réservé aux cantinières, qui ont le monopole, au camp, de la cave et du buffet.

En revanche, on y voit beaucoup de marchands de fruits, et comme il faut avant tout du bon marché, ces fruits sont de qualité fort médiocre. S'il n'y avait au camp que d'anciens soldats, cette branche d'industrie ne ferait pas merveille ; mais les jeunes gens, qui forment la majorité, sont friands de cette denrée, et, quel que soit son degré de saveur et de maturité, ils en font une grande consommation. Le soldat aime le fruit parce que son acidité rompt un peu l'uniformité de son régime alimentaire. Or, vous saurez que la carte de l'ordinaire se compose invariablement de soupe grasse et de bœuf. Il n'est dérogé à cette règle que lorsque le bœuf change de sexe. Toutefois, depuis quelques années, il y a amélioration ; on a l'ordre de veiller à ce que la viande ne provienne plus de bêtes enragées.

Les autres marchands qui fréquentent le camp vendent toutes sortes d'articles de mercerie ou de bimbeloterie, du fil, des aiguilles, des brosses, des peignes, du savon, des rasoirs, des bretelles, de petits miroirs, du papier à lettre, des plumes, des portefeuilles, etc.

Je n'ai pas besoin de dire que la plupart de ces industriels appartiennent au culte israélite. C'est du reste un détail insignifiant, car tous tant qu'ils sont, juifs ou chrétiens, sont animés du même esprit de mercantilisme.

Ces colporteurs sont mal logés dans les villages des environs, ils sont mal nourris, mal vêtus ; ils font tous les jours un grand trajet, chargés comme des bêtes de sommes, bravant la chaleur, la poussière ou la pluie ; mais peu importe ! l'appât du gain leur fait tout supporter.

Il faut voir comme, la plupart du temps, sont reçus les marchands par nos soldats, dont les formes ne sont pas toujours frappées au coin d'une exquise politesse.

Si ce sont des marchandes, on ne les repousse pas trop ; mais je vous laisse à penser les propos qu'il leur faut quelquefois endurer.

Quant aux marchands, on les rudoie, on les accable de quolibets, quelquefois de paroles mal sonnantes. Tout cela glisse comme de la cendrée sur le dos d'un sanglier. A toutes les invectives ils semblent dire : courage! continuez, mais prenez mes articles. A ce prix, ils se laisseraient volontiers battre et vous diraient comme *l'Intimé* à *Chicaneau* dans la comédie des PLAIDEURS :

Frappez! j'ai quatre enfants à nourrir.

J'en ai dit assez sur les marchands du camp. Au fond, ils ressemblent beaucoup à tous les marchands du monde, même à ceux qui vendent dans les boutiques splendides de la capitale.

Indépendamment des individus que la spéculation appelle journellement au camp de Châlons, il y a aussi les visiteurs attirés par la curiosité. Ceux-ci sont assez nombreux les jours de grandes manœuvres; mais c'est surtout le dimanche qu'il y a affluence à cause de la messe et du défilé, qui présentent un attrait tout particulier, et auxquels je consacrerai des articles spéciaux.

En général, les visiteurs sont des habitants de Châlons, Reims, Epernay et autres villes ou villages de la Champagne.

On remarque d'anciens militaires, auxquels l'aspect

du camp et la contemplation des opérations militaires rappelle de glorieux souvenirs, des artistes, des observateurs, voyageant en touristes, des rentiers à la recherche de toutes les émotions, de toutes les choses curieuses et dignes d'intérêt.

On voit aussi des officiers dont les régiments ne font pas partie du camp. Les uns y viennent pour voir d'anciens camarades, d'autres pour s'instruire. C'est dans ce but sans doute que s'y rendent des officiers étrangers qu'il est facile de reconnaître à leur uniforme et qui se joignent parfois à l'état-major du maréchal commandant en chef.

Les visiteurs ne sont pas tous mus par l'attrait des évolutions militaires. On y rencontre aussi de braves gens qu'un sentiment du cœur a seul déterminés à faire ce voyage. Tels sont des pères, des mères, des sœurs, qui se font une fête d'aller embrasser un membre chéri de la famille. C'est un véritable plaisir que d'assister à une de ces entrevues où la joie la plus vive, la plus pure, brille dans tous les yeux.

Nous dirons, en passant, un mot de la visiteuse isolée. Elle ne se montre que fort rarement; mais elle a beau éviter tous les regards, il est difficile qu'elle échappe entièrement à l'œil d'un observateur exercé. La visiteuse ne pénètre jamais dans le camp;

elle s'arrête habituellement dans une maison des environs où tout est préparé à l'avance, et où les paysans ébahis voient un jour se glisser une femme d'une tournure élégante, dont les traits sont cachés sous un voile épais.

Son arrivée est annoncée soit par la poste, soit par un messager discret. Peu de temps après, s'introduit dans le même asile un homme couvert d'un manteau ou d'un caban. La nuit, à ce moment, n'est pas encore assez obscure pour qu'on n'aperçoive pas des ganses métalliques qui révèlent un uniforme d'officier.

Un jour, j'ai, sans le vouloir, surpris une rencontre de ce genre : J'ai su que la conférence avait été longue, mais je n'ai jamais été fixé sur les points qu'avaient eu à discuter les parties contractantes.

Je terminerai cet article, déjà trop long, par la narration d'un incident qui m'a effrayé, sur le coups, mais qui n'a eu heureusement aucune conséquence fâcheuse.

J'assistais un jour à une grande manœuvre, dont j'observais avec attention les phases diverses, lorsque j'aperçus, à peu de distance, une dame en costume d'amazone, montant un superbe cheval bai-foncé. Au goût exquis de sa toilette, à la distinction de ses traits, il était facile de reconnaître une personne d'un rang élevé, une grande dame.

Tout à coup, le cheval effrayé fit un bond, se cabra et la belle écuyère, surprise par un tel soubresaut, fut obligée de vider les arçons. Mais le bas de sa longue robe resta accroché dans l'étrier; déjà son épaule touchait terre, et le fougueux animal menaçait de la traîner dans cette position alarmante.

A cette vue, je me précipitai sur la bride du cheval que je pus arrêter à temps. J'aidai la dame à se dégager, et je m'informai aussitôt de son état, craignant qu'elle ne se fût blessée; mais d'une voix qui ne trahissait pas la moindre frayeur et d'un ton presque enjoué, elle me rassura aussitôt. Elle n'avait, dans sa chûte, éprouvé aucun choc; les plis de sa robe qui, seule, avait été endommagée, avaient peine à cacher une longue déchirure. C'était là un bien petit malheur; dans un cas semblable; mieux vaut cent fois avoir affaire à la couturière qu'au chirurgien.

L'amazone permit que j'ôtasse la poussière de son vêtement et reçut gracieusement de mes mains une élégante cravache qu'elle avait laissé échapper en tombant, puis elle remonta à cheval avec une admirable légèreté et partit comme une flèche.

Quelques jours après, je revis, dans une calèche, l'héroïne de cette petite aventure, assistant au défilé des troupes. Je m'approchai pour lui demander de ses nouvelles; elle me reconnut, me remercia de nouveau et m'assura qu'elle ne s'était ressentie en aucune façon de son accident.

Je sais le nom de cette dame. C'est une Comtesse. Je n'ai pas le droit de la désigner; mais si, par impossible, cet opuscule tombait sous ses yeux, je suis persuadé qu'elle s'y reconnaîtrait.

VI

LA MESSE AU CAMP.

Tous les dimanches, on célèbre la messe au camp de Châlons, en présence de toutes les troupes réunies. Cette cérémonie est trop belle pour que je ne tente pas d'en faire la description, heureux si je puis faire passer dans l'âme de mes lecteurs une partie de l'émotion qu'elle m'a fait éprouver.

Suivant la loi ecclésiastique, la messe doit se dire dans les églises ou lieux consacrés par les évêques. Toutefois, le droit canonique admet quelques exceptions, en tête desquelles il faut placer la messe dite pour les troupes. De tout temps, cette cérémonie militaire s'est célébrée en pleine campagne, parce que, dit la rubrique, aucune église n'étant assez vaste pour contenir la multitude des fidèles, le plus grand nombre serait privé d'assister au saint sacrifice.

Je tenais à établir d'abord qu'une messe célébrée en plein air est, dans un camp, chose très-orthodoxe.

J'ai dit, dans le cours de ce récit, que sur la petite plaine existant entre la tente impériale et l'habitation des troupes, on avait érigé une chapelle ; c'est plutôt un autel que j'aurais dû dire, puisque les assistants n'y pourraient prendre place, et qu'elle ne peut guère contenir que les officiants et les objets nécessaires à l'exercice du culte.

Cette construction est en fer peint en blanc; elle se compose de quatre colonnes, formant quatre façades entièrement à jour, et soutenant une toiture ornée d'une frise, qui se termine par une croix.

Entre les colonnes se distingue l'autel, où l'on arrive par un escalier de douze marches, en sorte qu'il est assez élevé pour être vu par toutes les troupes, lorsqu'elles sont réunies à l'entour. Au-dessous de l'autel est un endroit qui sert de sacristie.

Le prêtre qui officiait cette année était le curé de Bouy, l'un des petits villages situés dans les environs du camp. Ordinairement, ce respectable ecclésiastique se rendait à pied au camp, tous les dimanches, mais lorsqu'il pleuvait, j'ai remarqué, non sans étonnement, qu'on allait le chercher avec une voiture d'ambulance. Je sais bien qu'on me dira : « A la guerre comme à la guerre. » Soit! mais en dépit du proverbe, je crois que l'on pourrait trouver un moyen de transport plus convenable à un ministre de la religion, qui se dérange pour venir officier solennellement devant 30,000 chrétiens.

Le dimanche, dès le matin, la chapelle est pavoisée d'un grand nombre de drapeaux tricolores. A huit heures, la solitude et le silence règnent encore à ses abords, mais peu de temps après, le son du tambour et des trompettes commence à se faire entendre ; puis l'on voit apparaître les têtes de colonne de tous les régiments, qui viennent successivement se dérouler dans la plaine, comme d'immenses serpents. Cependant ces longues files s'approchent, se resserrent et vont se masser avec le plus grand ordre, en face de la chapelle, du côté opposé au quartier impérial.

Le moment de l'arrivée des troupes a quelque chose de magique. Cette plaine, déserte quelques instants auparavant, et qui se couvre comme par enchantement de soldats et de chevaux par milliers, la diversité des uniformes, les batteries des tambours, les vibrations aigues des trompettes, l'harmonie guerrière des fanfares et corps de musique, le bruit sourd des roues de l'artillerie, le hennissement des chevaux, tout cela est surprenant, ravissant, saisissant, éblouissant, étourdissant, inénarrable. L'œil et l'oreille du spectateur peuvent à peine s'en rendre compte.

Mais ce mouvement, ces bruits ne sont pas de longue durée. Dans l'état militaire, tout se fait avec célérité. A peine avez-vous eu le temps de vous reconnaître, que déjà chaque régiment occupe sa place, rangé en colonne serrée et observant le silence.

Alors un autre genre de spectacle se présente. C'est une masse compacte, dont la teinte foncée est relevée par les couleurs voyantes des ornements militaires. Le rouge surtout y domine, à tel point qu'on pourrait de loin comparer cette immense phalange à un vaste champ de coquelicots, si la couleur n'était parfois dominée par l'éclat scintillant des armes.

L'armée une fois rangée auprès de la chapelle, il serait impossible à quelqu'un qui n'est pas du métier d'en évaluer l'effectif. Autant on serait disposé à exagérer le nombre des soldats, lorsqu'ils sont déployés dans les champs de manœuvre, autant on serait éloigné de penser, lorsqu'on les voit agglomérés, que 30,000 hommes pussent tenir dans un espace aussi restreint.

A l'heure indiquée, chaque régiment envoie à la chapelle son drapeau escorté par un détachement de sapeurs. Les porte-drapeaux ou porte-étendards prennent place à droite et à gauche de l'autel. Les sapeurs se tiennent derrière; un peu plus loin, stationne une troupe composée de soldats du génie et du train.

A huit heures et demie sonnant, M. le maréchal commandant supérieur du camp, arrive suivi de son état-major. Les tambours battent au champ, la troupe présente les armes, les drapeaux s'inclinent, et un coup de canon annonce le commencement de la messe.

Pendant la célébration de l'office divin, les musiques militaires exécutent des morceaux d'harmonie religieuse. Cette cérémonie est très-imposante; mais c'est surtout au moment de l'élévation qu'elle inspire un sentiment pieux qui pénètre l'âme de tous les assistants. Ce n'est pas sans une profonde émotion que l'on voit 30,000 soldats mettre le genou à terre comme un seul homme, à la voix de leur chef. En ce moment solennel, il se fait dans les rangs un silence religieux; on se croirait transporté dans les régions célestes; on se sent involontairement, par la pensée, rapproché de la divinité.

Alors les porte-drapeaux saluent, les tambours battent et trois coups de canon se font entendre.

Peu après, le *Domine salvum* est chanté avec beaucoup de goût et d'ensemble par des militaires qu'accompagne une musique harmonieuse, et, pour me servir de l'expression d'un poète,

La fanfare du camp, qui dans les airs expire,
Chante l'hymne : Veillons au salut de l'empire.

Puis le prêtre récite la prière, et un dernier coup de canon annonce que la messe est terminée. Cette dernière détonation est la traduction militaire des mots latins : *Ite, missa est.*

Telle est la messe au camp. Cette cérémonie se passe toujours avec beaucoup d'ordre et de dignité. Cependant, je dois avouer que, lorsqu'il fait mauvais temps, les soldats, qui n'aiment pas à voir gâter leur grande tenue, sont beaucoup moins bien disposés à la ferveur. J'en ai entendu quelques-uns qui, un jour de pluie, envoyaient au vénérable curé des bénédictions assez peu catholiques. Mais il ne faudrait pas donner à ces boutades un caractère sérieux. Elles dénotent plus de légèreté que de perversité. A la première occasion, leurs auteurs s'en confesseront humblement, et il leur sera fait la remise de cette peccadille avec tous leurs autres péchés.

Après la messe, les officiers-généraux et supérieurs reconduisent le maréchal jusqu'à son pavillon.

VII

LE DÉFILÉ.

La messe n'est pas plus tôt finie que le tableau change. Une certaine agitation se produit dans les rangs; chaque homme rajuste sa coiffure et son uniforme; le fantassin, par un mouvement de corps qui lui est familier, donne une secousse qui le soulage du poids de son havresac; les tambours rabottent avec leurs baguettes sur le bois de leur caisse; les cavaliers se raffermissent en selle; les chevaux dressent l'oreille, soufflent et piaffent d'impatience. Au calme parfait de l'office divin a succédé un bruissement sourd et confus, semblable au murmure prolongé des flots de la mer, lorsqu'elle est faiblement soulevée par la brise.

Le silence se rétablit dès que reparaît le maréchal,

escorté par un peloton de cavalerie et suivi d'un brillant état-major, il se place en avant de la première colonne. En face, viennent se ranger successivement les musiques et tambours des divers régiments, qui ont pour mission d'exécuter des marches pendant le passage des troupes. Enfin, les commandements militaires se font entendre ; les masses s'ébranlent, se meuvent, se déploient, les colonnes s'allongent et le défilé commence.

Un détachement de gendarmerie ouvre la marche ; il est peu nombreux, mais sa tenue est si parfaite, qu'il captive l'attention. La figure martiale des hommes, tous anciens soldats, et la sévérité de l'uniforme contribuent à faire de la gendarmerie une milice imposante, bien digne de représenter la force et la justice.

Viennent ensuite les soldats du génie, ces intrépides ouvriers, habitués à élever des remparts et à ouvrir des tranchées jusque sous le feu meurtrier de l'ennemi. Leur uniforme est simple, mais il a un caractère distingué, en rapport parfait avec la spécialité de l'arme.

Après le génie, marchent les chasseurs à pied, cette redoutable infanterie légère, de création moderne et toute française, qui s'est fait remarquer, en toute circonstance, par la promptitude incroyable de ses mouvements et la justesse de son tir.

Des tuniques bleu foncé, où se dessine à peine un modeste liseré jaune, des pantalons, havresacs, épaulettes, schakos et plumets de couleur sombre, tout cela leur donne un petit air infernal. Il était impossible de mieux réussir un costume de chasseur... de chasseur d'hommes, bien entendu, (car il n'a rien de commun avec l'accoutrement de ces timides citadins qui, tous les ans, vers le mois de septembre, explorent la plaine Saint-Denis, munis d'un permis de chasse, d'une gibecière et d'un fusil à deux coups, pour effrayer les moineaux).

L'armement des chasseurs à pied répond à leur costume. Rien qu'à voir leurs carabines, on devine ce canon rayé qui porte au loin l'épouvante et la mort : l'espèce de yatagan qui se fixe à son extrémité, en guise de baïonnette, a quelque chose de terrible.

Vu de loin, un bataillon de chasseurs présente l'aspect d'une masse noirâtre. Cette troupe, composée d'hommes choisis parmi les soldats les plus agiles de l'armée, a, lorsqu'elle défile au son de ses fanfares, une allure qui lui est propre et qui est beaucoup plus vive que celle des autres corps d'infanterie.

Les chasseurs à pied, en leur qualité d'éclaireurs,

précèdent toujours l'infanterie de ligne, qui forme le gros de l'armée.

Depuis huit à dix ans, l'Empereur a créé de magnifiques corps militaires. Tels sont, en fait d'infanterie, les grenadiers, voltigeurs et zouaves de la garde. En contemplant ces fastueux uniformes, tout le monde est séduit et admire. Je partage à cet égard le sentiment général, et cependant, lorsque je vois défiler un régiment de ligne, j'y prends toujours un plaisir extrême.

Pris individuellement, les soldats des corps d'élite, des armes spéciales, sont assurément mieux : nul ne le conteste. Cela tient, abstraction faite du personnel, à ce que chez eux l'habillement est mieux confectionné, les étoffes d'une qualité supérieure, la passementerie plus soignée, le tout enfin plus élégant, mieux orné. Mais, sous les armes et avec tout son attirail de campagne, la ligne a un cachet de simplicité guerrière qui plaît et trouve, dans le public, d'autant plus de sympathie que cette simplicité n'exclut pas le pittoresque.

Analysons, pour nous en rendre compte, l'ordonnance d'un régiment de ligne défilant au camp.

Une douzaine de sapeurs marchent en tête. Ces respectables troupiers n'ont plus, comme jadis, le monopole de la barbe, puisque aujourd'hui l'on voit des pékins et jusqu'à des clercs d'huissier qui se permettent le port de cet apanage de la virilité. Le caporal sapeur du 56e de ligne prétendait que c'était un signe de décadence. Toutefois, et malgré l'abolition de ce privilége, les sapeurs n'en sont pas moins recommandables par le mâle caractère de leur profil antique, par la carrure de leurs épaules, par la splendeur de leur fournîment, et enfin, par un genre d'armement qui rappelle les licteurs dont se faisaient précéder les magistrats de l'ancienne Rome.

Puis, pour citer deux vers que j'ai lu je ne sais où,

Puis le tambour major, au pas chronémétrique,
S'avance en agitant un jonc télégraphique.

le tambour-major est forcément le plus bel homme du régiment. Aussi, comme il le sait bien! comme il se rengorge sous son magnifique colbach surmonté d'un plumet luxuriant! comme, pour être mieux vu de tous, il calcule bien sa distance entre les sapeurs et les tambours!

Ces derniers, ainsi que les clairons et les musiciens qui suivent de près, sont généralement de petite taille. Leur assemblage est assez varié. Les buffleteries blanches des tambours, les épaulettes et pompons de diverses couleurs, les caisses, les instruments de cuivre de toute forme, plus brillants que l'or, forment un amalgame de choses, une bigarrure de tons en rapport avec les bruyantes fonctions de cet essaim tapageur, que les soldats désignent sous le nom de *la clique*.

A quelques pas de distance, se présentent des officiers supérieurs à cheval : d'abord le colonel, accompagné du lieutenant-colonel, puis un chef de bataillon. Derrière, et sous la conduite de leurs chefs respectifs, s'avancent les compagnies alignées comme des murailles et marchant en colonne serrée.

Ce qui distingue surtout un bataillon d'infanterie de ligne, c'est son encadrement. Le centre est enclavé entre deux compagnies d'élite dont le caractère est différent. A droite sont les grenadiers, choisis parmi les hommes les plus grands et de l'apparence la plus solide ; à gauche, les voltigeurs pris dans les soldats les plus lestes.

Les grenadiers, ainsi appelés parce qu'ils lançaient jadis sur l'ennemi de petites bombes explosibles, portent le pompon et l'épaulette écarlates. Les mêmes ornements sont, chez les voltigeurs, de couleur jonquille comme les collets et passepoils de toute la troupe. L'épaulette des soldats du centre est verte. La tenue des uns et des autres est unie, sévère, exempte de tout colifichet et d'une parfaite régula-

ité. Cette simplicité est relevée par le lustre étince-
ant des armes où, pendant la marche, se reflètent à
haque pas les rayons du soleil. A une certaine dis-
ance, la colonne disparaît presque entièrement sous
e brillant éclat d'une myriade de baïonnettes.

Les trois bataillons dont se compose ordinairement
n régiment défilent successivement, chacun précédé
e son chef, et forment, avec la tête de colonne, cet
nsemble complet qui m'a toujours charmé et que je
evois toujours avec une nouvelle satisfaction. C'est
e privilége de toutes les choses véritablement belles;
n ne s'en lasse jamais.

Mais les régiments de ligne s'éloignent et j'entends
n bruit confus qui m'annonce l'arrivée de l'ar-
illerie.

La physionomie de cette arme, en opérant une di-
ersion, fait naître dans l'esprit de nouvelles pensées.
 la vue de ce redoutable matériel de guerre, on ne
eut se défendre d'une impression de terreur. On
onge involontairement aux ravages, à la destruction
u'il porte dans les rangs de l'ennemi et jusqu'au
œur des forteresses.

Les derniers succès de nos armes, en Crimée et en
talie, ont appris au monde entier la supériorité de
'artillerie française. Si l'on conservait des doutes à

cet égard, il suffirait de voir défiler un de nosrégiments pour les faire disparaître.

Comme nos artilleurs paraissent adroits et robustes! Que leur bel uniforme répond bien à la nature de leurs fonctions! Comme leurs chevaux sont bien choisis! Que la taille ramassée et l'encolure trapue de ces animaux dénote bien la vigueur! Que leur attelage est bien agencé! Que ces pièces de canon, appelées à lancer la foudre, sont belles et rutilantes! Voilà les réflexions que se font et qu'expriment tout haut ceux qui voient passer notre artillerie.

C'est la cavalerie qui termine le défilé. Il n'y avait cette année au camp que de la cavalerie légère (chasseurs et hussards). Tout le monde sait que les uniformes de cette arme sont d'une élégante coquetterie et que nos cavaliers les portent à merveille.Consultez à ce sujet les dames qui, pour la plupart, en raffolent,... je parle des uniformes.

La cavalerie défile au galop. C'est comme une brillante *fantasia* ajoutée à la revue: c'est le bouquet d'un feu d'artifice. La rapidité de la course est telle que c'est à peine si l'on a le temps d'admirer la bonne tournure des cavaliers. Rien n'égale leur solidité à cheval : Ils semblent cloués à leur selle. Quant à leurs montures, il suffit de vous dire que ce sont tous che-

aux arabes. Vous connaissez le type de cette excel-
ente race, aux instincts si dociles, aux formes si gra-
ieuses. Pour peu qu'ils sentent leurs flancs pressés
ar la botte de leur cavalier, ils ne galoppent plus,
ls volent et ne semblent pas toucher terre.

Au risque d'être fastidieux, je suis entré dans des
étails assez circonstanciés sur les différents corps
ui figuraient au défilé. J'ajouterai, et j'aurais dû
eut-être commencer par là, que l'armée du camp
st partagée en divisions et subdivisée en brigades,
yant à leur tête des officiers généraux d'un grade
orrespondant à l'importance du commandement. Les
énéraux marchaient en tête de leurs troupes ; et, à
nesure qu'ils ont défilé devant le maréchal, ils vien-
ent se joindre à son état-major. En passant devant
e commandant général du camp, les officiers supé-
ieurs saluent de leur épée ; les drapeaux s'inclinent ;
e maréchal se découvre à chaque salutation.

En résumé, le défilé s'exécute admirablement. In-
anterie, cavalerie, artillerie, génie, tous les corps y
ivalisent de bonne tenue, d'ordre et de précision
lans les mouvements. Lorsque l'on voit cette belle
eunesse si bien instruite, si disciplinée, si belliqueuse,
n est fier d'appartenir à la nation française.

A chaque défilé, on remarquait la calèche de madame la maréchale. Elle était toujours accompagnée de deux jeunes personnes, dont la beauté et la distinction frappaient tous les regards. On disait que ces trois dames étaient sœurs. Quoiqu'il en soit, leur présence ajoutait un charme précieux à la fête militaire.

VIII

L'EMPEREUR ET LE PRINCE IMPÉRIAL.

Un certain mouvement règne toujours au camp de Châlons; mais c'est surtout lorsque l'Empereur doit y venir que chacun redouble d'activité pour recevoir dignemeut le vainqueur de Solferino.

Il faut voir alors avec quel soin, avec quel zèle chaque soldat nettoie ses effets, astique son fourniment, frotte ses armes. Tous les corps rivalisent d'activité C'est à qui l'emportera sur ses voisins par sa belle tenue, à qui se fera le plus remarquer par la décoration de ses tentes. La joie anime tous les cœurs rayonne sur tous les visages. Le camp tout entier prend un air de fête.

J'ai eu le bonheur de voir plusieurs fois Sa Majesté au camp, notamment lorsqu'elle vint passer en revue le 6e et 13e régiments de ligne, ainsi que deux escadrons de cavalerie désignés pour l'expédition de Syrie, solennité touchante qui avait attiré une grande affluence de personnes.

L'Empereur, suivi d'un détachement de cent-gardes, se rendit sur le terrain de la revue, et, après avoir passé devant le front de bataille, il adressa aux soldats une chaleureuse allocution sur la glorieuse mission confiée à leur bravoure; puis il distribua des croix et accorda des grades aux militaires proposés par leurs chefs pour l'obtention de ces récompenses. Enfin, il donna l'ordre de remettre aux troupes expéditionnaires des gratifications à raison de cinq francs par sous-officier, trois francs par caporal ou brigadier, et un franc pour chaque soldat.

Les troupes défilèrent ensuite devant Sa Majesté, en la saluant de leurs plus vives acclamations. Tous les assistants partageaient cet enthousiasme. Ce n'était pas d'ailleurs sans attendrissement que l'on voyait l'ardeur de ces braves à la veille d'aller verser leur sang sur une terre lointaine, pour arracher à l'ignominie et à la mort des enfants, des femmes, des chrétiens lâchement outragés et massacrés par de fanatiques oppresseurs. Nos soldats étaient fiers d'avoir à défendre une telle cause, et ils avaient raison, car jamais croisade ne fut si sainte, si juste, si digne de la France et de son Souverain.

Pendant le mois d'août 1860, le camp de Châlons eut l'honneur d'être visité par l'Empereur et le Prince Impérial, qui assistèrent à la messe et au défilé. Le jeune Prince portait l'uniforme de caporal de grenadiers de la garde; il était coiffé du chapeau que portent les grenadiers en tenue de ville. Il montait un petit cheval pie.

Quelques jours plus tard, je revis le Prince Impérial dans le même costume, assistant avec son père à une grande manœuvre. Une cantinière du 85e de ligne s'étant approchée, offrit à Son Altesse Impériale un petit verre. Le Prince accepta sans hésitation, en but le contenu, comme aurait pu le faire un vieux troupier, puis il tendit sa petite main à la cantinière, qui partit joyeuse et fière de cette faveur.

Le jeune Prince passa ensuite la revue des troupes à côté de l'Empereur qui le regardait en souriant et paraissait heureux. En effet, que pouvait-il manquer en ce moment à son bonheur? Sous ses yeux était son fils, l'héritier de son trône, dont la figure intéressante, la grâce enfantine, la physionomie rayonnant d'intelligence, faisaient l'admiration de tous.

Autour de lui, il entendait les vœux ardents des soldats, ses autres enfants, qui faisaient retentir l'air des cris mille fois répétés de : VIVE L'EMPEREUR ! VIVE LE PRINCE IMPÉRIAL !

Avant de clore mon récit, je dirai quelques mots de la retraite aux flambeaux, nocturne militaire d'un genre tout nouveau pour moi, et qui a eu lieu le jour de l'arrivée de l'Empereur au camp.

Vers neuf heures du soir, les corps de musique, fanfares, tambours et clairons de tous les régiments du camp se réunissent devant le quartier général. Entre chaque exécutant se place un soldat avec une torche allumée, en sorte qu'il y a environ 15 à 1,800 hommes, dont la moitié avec des instruments et l'autre avec des torches.

D'abord, toutes les musiques exécutent de pied ferme et simultanément le même morceau ; puis à un moment donné, cette troupe se met en marche et se sépare en deux moitiés qui se dirigent l'une à gauche et l'autre à droite. Après avoir défilé, en se croisant, devant le quartier impérial, les corps de musique et de tambours, toujours escortés par les torches, se rendent dans leurs quartiers respectifs, où ils rentrent sans avoir cessé un instant de jouer de leurs instruments.

La retraite aux flambeaux est très-originale. Les sons baroques et assourdissants que produisent un millier d'instrumentistes, l'illumination ambulante des porteurs de torches, tout cela, par une nuit obscure, est d'un effet fantastique, infernal, plus facile à comprendre qu'à expliquer. En somme, ce festival diabolique est très-divertissant.

J'ai raconté tout ce que ma mémoire a conservé de ses impressions, pendant mon séjour au camp de Châlons. Celui qui aura parcouru ces pages aura sans doute remarqué avec quelle sollicitude l'Empereur s'est occupé de tout ce qui intéresse le bien-être des troupes, pendant la durée du camp. Sa Majesté n'a pas voulu que le soldat y fut employé sans relâche à des études sérieuses, à des travaux pénibles, des manœuvres fatigantes. Elle a fait aussi la part d'un repos salutaire au corps, d'une diversion nécessaire à l'esprit. C'est ainsi que, tout en jouissant des douceurs de la paix, notre armée se prépare aux rudes labeurs de la guerre.

TABLE DES MATIÈRES.

FIN DE LA TABLE.

www.ingramcontent.com/pod-product-compliance
Ingram Content Group UK Ltd.
Pitfield, Milton Keynes, MK11 3LW, UK
UKHW031936260826
14628UKWH00004B/1662

9 782013 627405